POR AQUÍ
y POR ALLÍ

por
DAVID LE JARS

traducido por
Susana Pasternac

PRINCETON ■ LONDON

www.two-canpublishing.com

Publicado en los Estados Unidos y Canadá por
Two-Can Publishing LLC
234 Nassau Street
Princeton, NJ 08542

Para más información sobre libros y multimedia Two-Can,
llame al teléfono 1-609-921-6700, fax 1-609-921-3349, o consulte nuestro sitio Web
http://www.two-canpublishing.com

Director artístico Ivan Bulloch
Editora Diana James
Diseñadora asistente Dawn Apperley
Ilustradora David Le Jars

'Two-Can' es una marca registrada de Two-Can Publishing.
Two-Can Publishing es una división de Zenith Entertainment plc,
43-45 Dorset Street, London W1U 7NA

HC ISBN 1-58728-949-0
SC ISBN 1-58728-953-9

hc 1 2 3 4 5 6 7 8 9 10 03 02 01
sc 1 2 3 4 5 6 7 8 9 10 03 02 01

Impreso en Hong Kong por Wing King Tong

Contenido

Juguemos en el parque

¡Mira por donde vas!

triciclo

cochecito

pelota

pato

perro

lago

¿Qué hay en el lago?

¿Puedes arrojar y atrapar una pelota?

bote

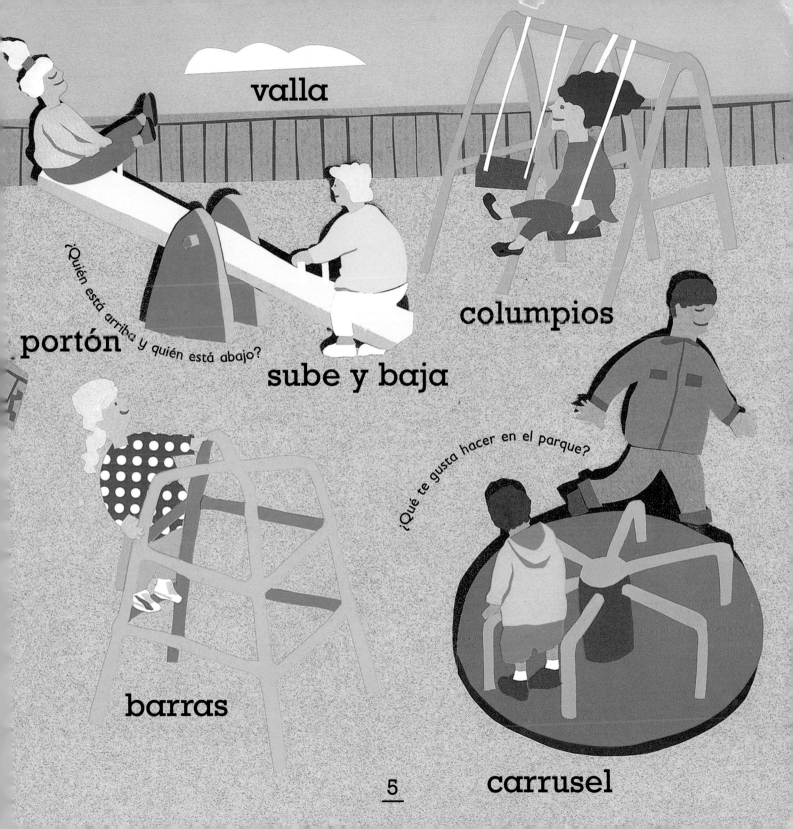

valla

columpios

¿Quién está arriba y quién está abajo?

portón

sube y baja

¿Qué te gusta hacer en el parque?

barras

carrusel

De compras

¡Te gustan las verduras con tu pescado?

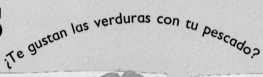

frutas

verduras

pescado

¿Qué hace esta persona?

caja registradora

¿Ayudas cuando van de compras?

carrito

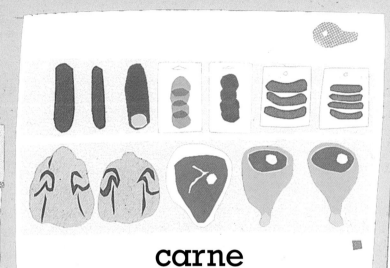

carne

¡El congelador es frío o caliente?

comida
congelada

periódicos

¿Qué se pone en botellas?

botellas

latas

envases
de leche

pan

En la carretera

¿Has subido alguna vez en un autobús?

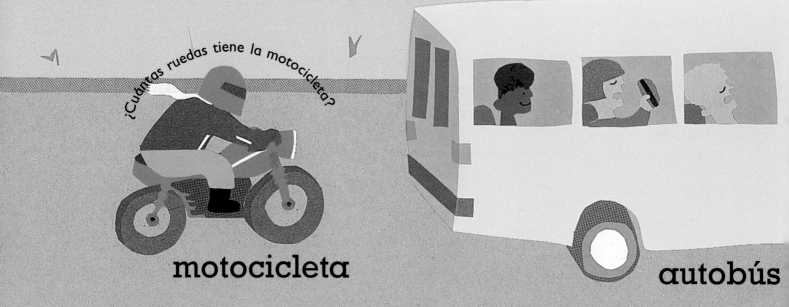

¿Cuántas ruedas tiene la motocicleta?

motocicleta

autobús

¿Qué lleva el camión?

auto policía

camión

¿De qué manera es útil un camión d[...]

¿P[...]

[...]eden sumergirse muy profundamente.

squero

¿Puedes imitar el ruido de un auto.

Esto permite a los mar[...]

boy[...]

auto

remo

Rica comida

hamburguesa

¿Cómo te gusta tu hamburguesa?

servilleta

¿Te gusta cocinar?

cocer

menú

taburete

papas fritas

¿De dónde se saca la leche?

batido de leche

En la obra

tubos

excavadora

¿Qué hace esta máquina?

niveladora

rodillo

martillo perforador

¿Qué hace este trabajador?

14

¿Ves otra máquina parecida a ésta?

grúa

¿Tienes camiones de juguete?

¿Está tu casa hecha de ladrillos?

camión
de volteo

ladrillos

pala

mezcladora

Un día en el campo

mantel

comida

¿Qué crece en el árbol?

árbol

conejo

fardo de heno

No dejes que las hormigas se acerquen a la comida.

hormigas

arroyo

¿Qué les gusta comer a las vacas?

puente

vaca

El gran desfile

Imita el ruido de la trompeta.

trompeta

tambor

¿Qué hace el acróbata?

acróbata

músicos

18

En la playa

pez

¿De qué color son los pececitos?

No tomes mucho sol.

parasol

castillo de arena

pala

llanta

¿Para qué usas la toalla?

balde

¿Tienes una llanta para ir al agua?

conchas

pelota de playa

toalla

algas

20

Muy alto en el cielo

avión

¿Has subido alguna vez en un avión?

helicóptero

¿Cómo vuelan los pájaros?

pájaros

¿Te gustaría tener alas?

planeador

nube

dirigible

globo aerostático

cometa

Los cometas vuelan mejor los días de viento.

arco iris

¿Cuántos colores hay en el arco iris?